AF454221

Musée

de la

SCULPTURE COMPARÉE.

2ᵉ Rapport.

Musée
de
Sculpture Comparée.

Nous avons dit qu'il y avait intérêt à montrer les analogies qui existent entre des œuvres de sculpture dues à l'antiquité, notamment des époques dites hiératiques et celles appartenant à la période Archaïque du moyen-âge.

Une salle serait consacrée à faire ressortir ces rapports.

1re Salle. —————— Il conviendrait d'y réunir quelques types Egyptiens appartenant aux premières dynasties;

Des types Assyriens;

Des types grecs de l'époque dite égynitique

Des types de notre Ecole de statuaire française de la fin du XI siècle au milieu du XIIe.

Il ne serait pas besoin d'un grand nombre d'exemples pour faire ressortir les rapports qui existent entre ces diverses expressions de la statuaire aux époques archaïques.

2e Salle. —————— Une deuxième Salle montrerait comment l'art de la statuaire a rompu avec les types hiératiques pour recourir à l'étude attentive de la nature, soit chez les Grecs, à dater de Phidias, soit chez nous à dater du XIII siècle

Cette comparaison entre ces deux Écoles séparées par des siècles, présenterait un intérêt des plus sérieux, car bien que les expressions d'art soient différentes et que les objets représentés n'aient aucune relation entre eux, les procédés sont identiques, la manière d'interpréter la nature est à très peu près la même et au point de vue du Style, la supériorité est apparente dans les deux Écoles.

C'est à la limite de ce premier développement qu'apparaît chez les Grecs comme chez nous le portrait (la reproduction de l'individualité humaine. Exemples à mettre en regard.

3me Salle ———— L'art de la statuaire adopte bientôt des canons chez les Grecs de l'antiquité comme chez nous vers la fin du XIIIe Siècle. La manière apparaît. Il s'établit dans l'une comme dans l'autre École un beau de convention. L'exécution atteint alors un haut degré de perfection. Alors l'Italie, l'Allemagne entrent en scène et leurs écoles se distinguent de celles de la France pendant la durée du XIVe siècle et pendant le XVme Siècle.

On voit comment au XVe Siècle l'influence de l'École des Bords du Rhin et des Flandres envahit la Bourgogne. Comment la manière atteint les dernières limites, mais comment aussi l'École de l'Ile de France et celle de la Champagne résistent à cette invasion.

4.me Salle _________ Serait consacrée à la renaissance et ferait voir les écarts considérables qui existent entre la statuaire Italienne de cette époque et la statuaire Française. Comment les Flandres échappent à peine aux influences antérieures et comment l'Espagne possède une belle École de statuaire pendant la première moitié du XVIe siècle.

5.e Salle. _________ Contiendrait les continuateurs de la Renaissance, Michel Ange et son École qui, rapidement, tombe dans l'exagération, tandis que la France conserve encore, et jusqu'au XVIIIème siècle, une bonne École de statuaire.

6.e Salle _________ Cette salle serait destinée à contenir des fragments d'ornementation sculptée appliquée à l'Architecture, divisés par Écoles. — Des photographies des édifices auxquels seraient empruntés ces fragments, devraient être exposés dans leur voisinage.

———————

1re Salle.

1ʳᵉ Salle. Jalons.

Époques hiératiques.

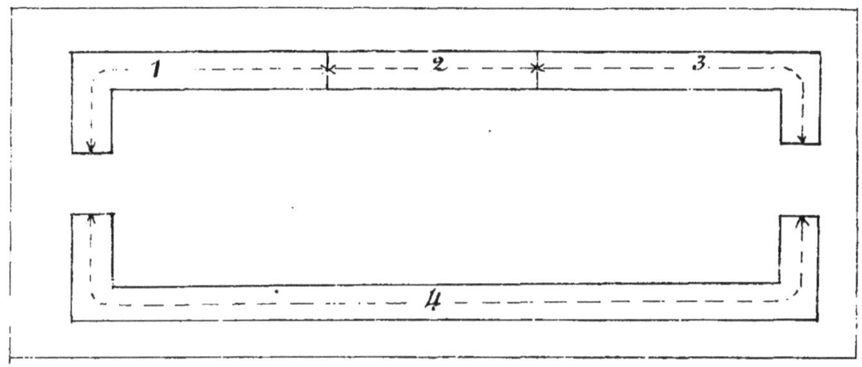

1 — Quelques Exemples du Musée Égyptien du Louvre parmi ceux qui appartiennent aux époques les plus anciennes.

(Deux ou trois exemples du musée de Boulacq (Caire — Mariette)

2 — Quelques surmoulages du Musée Assyrien du Louvre et du British Museum à désigner—

3 — Quelques unes des têtes trouvées en l'île de Chypre; musée du Louvre — Moulage d'une métope du temple de Sélinonte (Musée de Palerme le quadrige et l'Hercule Melampige dont nous possédons les moulages, mais qui sont les moins caractéristiques) Têtes de statues du Temple d'Égine (Musée de Munich) Moulages de quelques terres cuites archaïques que nous possédons (Musée du Louvre Campana)

4 — Moulage de deux figures des piédroits

…ches ; vers 1150 ± Archives. p. 4.
b. Commencement du XII.ᵉ s. V. l d. t. 7. p. 387.
XI.ᵉ et XII.ᵉ s. Archives. p. 13.

5

de la porte principale de l'Église de Vézelay (fin
du XIᵉ Siècle) (Bourgogne École Clunisienne). —
Moulages de quelques figures de la porte Sud
de l'Église de Moissac Comm.ᵗ du XIIᵉ siècle) —
(Languedoc) Id. de la porte royale de la Cathédrale
de Chartres XIIᵉ siècle Ile-de-France) Id. des deux
figures du portail de l'église de Corbeil (XIIᵉ siècle)
Déposées à l'Abbaye de St. Denis. Le Christ de
la porte septentrionale de la Cathédrale de Cahors
(XIIᵉ Siècle) (Périgord) Une figure (apôtre) d'un pilier
d'angle du cloître de St. Trophime d'Arles (XIIᵉ siècle)
(Provence) Une des figures de Notre-Dame-la-
Grande à Poitiers (XIIᵉ Siècle) (Poitou)

Chapiteaux à figure du rond point de
Notre-Dame-du-Port à Clermont (Puy-de-Dôme)
(4 Chapiteaux avec des anges (Colonne du Sanctuaire)
Fin du XIᵉ Siècle (École Auvergnate).

Figures des voussoirs de la porte principale
de Ste Marie-des-Dames Saintes (XIIᵉ siècle) (École
Saintongeoise)

Figures du portail méridional de Notre-
Dame de Châlons s/ Marne (XIIᵉ siècle) (École
Champenoise)

Idem Cul-de-lampe dans la nef de St. Remy
de Reims (XIIᵉ siècle).

2ᵉ Salle.

2me Salle.

Étude de la nature.. Abandon de l'hiératisme.

XIIIe Siècle. 1ère moitié.

```
┌─ Ile de France. ── * ── Champagne ── ─ * Picardie * Bourgogne ─┐
│                                                                 │
│            ┌─────── Grecque. ───────┐                           │
│                                                                 │
└─ Ile de France. ── * ─ Champagne. ── ─ * Picardie * Bourgogne ─┘
```

XIIIe Siècle. 2ème moitié.

Ile-de-France.

1re Moitié du XIIIe Siècle.
(Transition)

La vierge assise de la porte Ste Anne de Notre-Dame de Paris

Commencement du XIIIe siècle

Le couronnement de la Vierge de la porte de la Vierge de la façade de Notre-Dame de Paris et un des prophètes du linteau. — Idem Ensevelissement de la Vierge. Cathédrale de Senlis portail

Milieu du XIIIe Siècle

Deux figures du portail septentrional de la Cathédrale de Chartres. — Tête d'évêque Cathédrale de Bordeaux (artiste de l'Ile-de-France)

Champagne

Champagne.

Commencement du XIII Siècle.

Un des anges des Chapelles (extérieure) de l'Abside de la Cathédrale de Reims. — Bas-relief de la partie Nord de la Cathédrale de Reims (celui clos.) & un de ceux de la porte centrale (Nord) Légende de St Remy (fragment)

Picardie.

XIIIᵉ Siècle. (1ʳᵉ moitié)

Le Christ de la porte centrale de la Cathédrale d'Amiens (mettre auprès une tête de travail grec de l'époque de transition à désigner). — (Deux personnages du portail de gauche de la façade de la Cathédrale d'Amiens. (Étude vivante)

Bourgogne.

XIIIᵉ Siècle (1ʳᵉ moitié)

Un des bas reliefs du portail nord de l'Église de Semur en Auxois. — Légende de St Thomas. — Le Christ faisant toucher ses plaies. — Un des personnages (portrait) du portail de l'Église de St Thibaut (près Semur) le personnage couronné de roses — Une figure du pignon occidental de St Père - sous Vezelay.

Seconde moitié du XIIIme Siècle.

Ile – de – France.

La vierge du portail nord de la Cathédral
de Paris.

Partie du bas-relief de la porte méridionale
(St Étienne) de Notre-Dame-de-Paris -S^t. Étienne
prêchant (un des bas reliefs des piédroits. (celui d
écoliers & femmes).

La statue de la reine Constance de
l'Abbaye de St Denis et celle d'un des rois
refaite sous Saint-Louis.

Les statues des deux fils de St Louis

L'Assomption, bas relief autour du chœur
extérieur Notre-Dame-de-Paris

Champagne.

Cinq figures du portail principal de la
Cathédrale de Reims à désigner & entre autres
celle de gauche de la porte centrale représentant
un homme coiffé d'une calotte conique (rappelant
la statue de Mausole (British Muséum)

Deux figures au moins des bas-reliefs
intérieurs de la façade ; le guerrier priant et un
prophète.

Picardie

La vierge dorée (Cathédrale d'Amiens) & quelques figures du linteau de la porte dite de la Vierge dorée (des Apôtres)

Bourgogne.

Cathédrale d'Auxerre, les Sybilles portail de droite de la façade. _ Un des bas reliefs (Vice) à côté de la légende de l'Enfant prodigue (Voir Dict. D'Archit. T. 8 p. 175) Bethsabée portail de droite façade.

Grec en regard.

Du Parthénon, les Panathénées (partie de la théorie des) La statue de Mausole du British Museum. _ Cariatide du Pandrosium terres cuites à choisir au Louvre.

3ᵉ Salle.

3.me Salle.

XIVe et XVe Siècles

XIVe   Siècle

Grec   décadence.

XVe   Siècle.

XIVme Siècle.

La statue de Charles V des Célestins (St Denis) Fin du XIVe siècle.

Statues mutilées du portail des Libraires à Rouen (Cathédrale)

Carcassonne. — St Nazaire. — 2 ou 3 Statues, entre autres celle de Droite du tombeau de Pierre de Roquefort.

Statue d'une vierge folle (Cathédrale de Strasbourg (la belle)

2 Statues de jeunes prince et princesse (inconnus) Eglise de St Denis ; placées à l'entrée du bas côté Nord du Chœur)

Fragments de bas-reliefs des martyrs de St Etienne portail principal de la Cathédrale de Sens.

Deux autres figures du tour du Chœur (Intérieur) Notre-Dame-de-Paris

Le retable de St Germer (Ste Chapelle)
Dessous de Dais du portail principal de
la Cathédrale de Lyon.— Petits bas-reliefs charmants
Vierge demi-nature portant l'enfant (Église
de St Denis (marbre) (Chapelle absidale de la
Vierge)

XVe Siècle.

Les deux statues des prince et princesse
de Bourbon, tombeau dans l'Église de
Souvigny.
La statue du Duc de Bourgogne des chartreux
(Dijon)— Hospice des Aliénés.— Une des statues Du puits
De Moïse idem (influence Flamande)
La statue d'Isabeau de Bavière Église de St Denis
La petite Statue mutilée du portail ond de St Rémy
de Reims (beau & large travail)

Grecs

———

— Bustes Greco-Romains.— Bas reliefs à désigner—

4me Salle.

XVIme Siècle.

Renaissance — Ile de France

Renaissance Italie.

Renaissance Bourgogne | Renaissance Languedoc

Ile-de-France.

Statues de Henri II et de Catherine de Médicis (Germain Pilon) (St Denis - Abbaye)

" de la Fontaine des Innocents (Jean Goujon)

" du Tombeau de François 1er (Tête de la reine à genoux sur le tombeau) (Tête de la fille)

Bourgogne.

Bas-reliefs du portail de St Michel de Dijon.

Languedoc.

Œuvres dans le Musée de Toulouse à désigner
& dans les hôtels de la Ville.

Italie.

Donatello.
Luca Della-Robbia
Du Baptistère de Florence porte (Bas
reliefs). Ghiberti.

5ᵉ Salle.

5me Salle.　　Jalons.

Fin de la Renaissance,
XVI, XVII et XVIIIes Siècles.

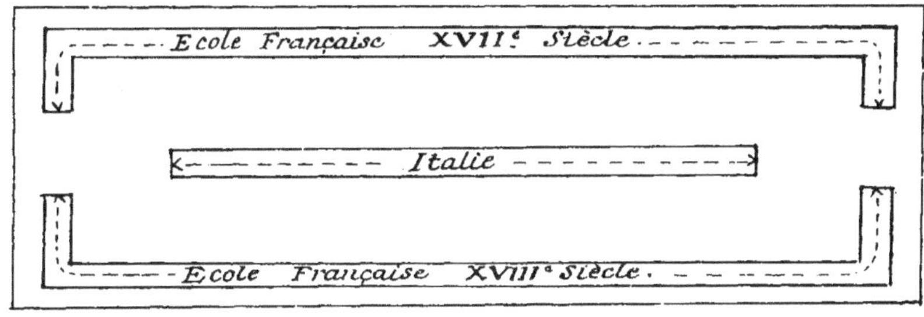

Italie.

Michel-Ange _ Jean de Bologne. _ Le Bernin

France.

Puget _ Coustou _ Coysevox . etc

6e Salle.

6ᵉ Salle
Ornementation sculpture XIIᵉ Siècle

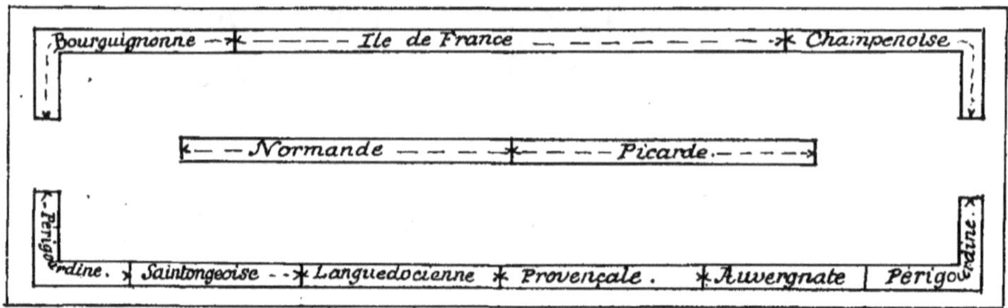

2ᵉ 6ᵉᵐᵉ Salle
XIIIᵉ XIVᵉ XVᵉ et XVIᵉ Siècles

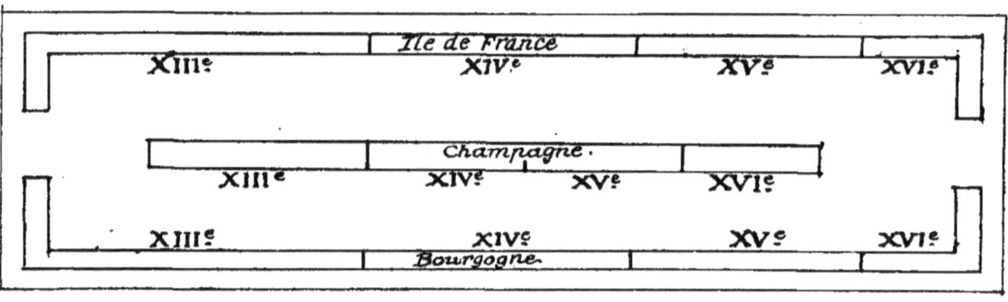

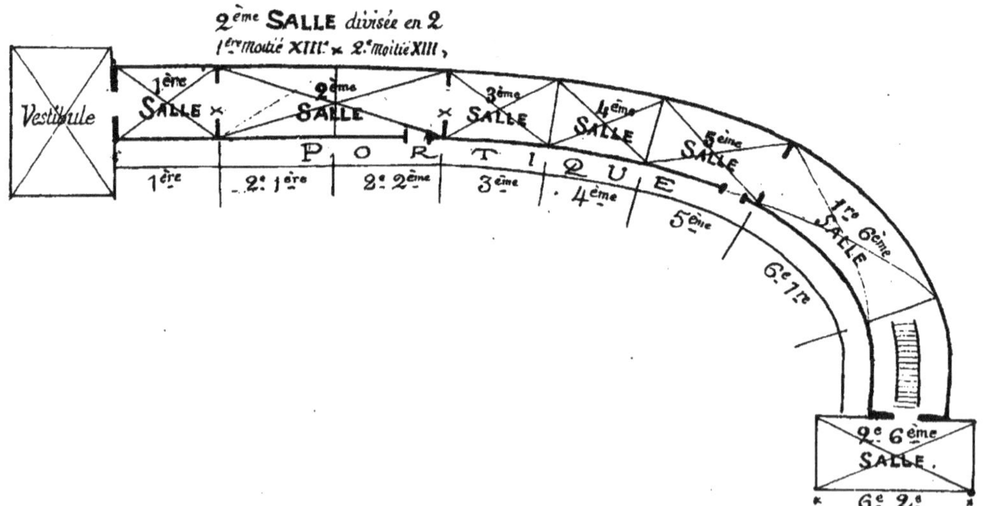

6me Salle   16   Jalons.

Ornementation . Sculptée

Ecoles du XIIe Siècle .

1^e_ Clunisienne ou Bourguignonne ;
2 _ Provençale
3 _ Périgourdine
4 _ Languedocienne
5 _ Auvergnate
6 _ Poitevine
7 _ Saintongeoise
8 _ de l' Île de France
9 _ de la Champagne
10 _ de la Normandie
11 _ de la Picardie

Rhénane (v la cmb)
Angevine

1° _ Clunisienne ou Bourguignonne .
Exemples tirés de l'Abbaye de Vézelay, de l'Abbaye de Cluny

2° _ Provençale .
Exemples tirés de St Trophyme d'Arles, de St Gilles.

3° _ Périgourdine
Exemples tirés de St Front de Périgueux de Brantôme .

4° _ Languedocienne
Exemples tirés de Moissac, du Musée de Toulouse, de St Sernin de Toulouse.

5° _ Auvergnate .
Exemples tirés de Notre-Dame du-Port à- Clermont d'Issoire .

6° _ Poitevine
Exemples tirés de Notre Dame - la Grande de Poitiers ;

de St Hylaire de Poitiers.

7º — Saintongeoise.

Exemples tirés des Eglises de Melle, de Surgère, de St Euthrope de Saintes.

8º — Ile de France.

Exemples tirés de l'Eglise de St Denis, de la Cathédrale de Chartres, de Notre-Dame de Paris (Portail Ste Anne), de la Cathédrale de Noyon (transept Sud), du chœur de St Martin des Champs (Paris).

9º — Champenoise.

Exemples tirés de Notre-Dame de Châlons, de St Remy de Reims.

10º — Normande.

Exemples tirés de l'Eglise de Lisieux de Caen.

11º — Picarde.

Exemples tirés de St Etienne de Beauvais (influence Picarde.

12º — Mixte.

Exemples tirés de St Martin de Brives.

2me 6me Salle.

XIII; XIV; XV et XVI Siècles,

Ecoles du XIIIme Siècle (1re moitié.)

1º — Ile de France.

2º — Champagne.

3º — Bourgogne.

1º Exemples tirés de St Martin des Champs (réfectoire Chapiteaux & clefs).

_ de Notre-Dame-de-Paris ;

_ de la Cathédrale de Senlis _ du Portrait de St. Jean des Vignes de Soissons.

2° Champagne :

Exemples tirés de l'Abside de la Cathédrale de Reims ;

_ du portail nord de la Cathédrale de Troyes ;

_ de Notre-Dame-de-Châlons ;

3° Bourgogne.

Exemples tirés du chœur de Vezelay et du Cloître (Chapiteaux)

_ Des parties intérieures de Notre-Dame-de-Dijon.

_ de l'Église de Montréal (Yonne)

XIII.e Siècle _ 2.me moitié.

1°_ Ile de France :

Exemples tirés du portail méridional de Notre-Dame de Paris.

_ De la Salle Synodale de Sens (Chapiteaux des fenêtres du 1.er Etage) (Influence de l'Ile de France)

_ de la Ste Chapelle de Paris ; _ de l'Église de St Denis ;

_ de la Ste Chapelle de St Germain-en-Laye ;

_ de la Cathédrale de Beauvais ;

2°_ Champagne :

Exemples tirés De la Cathédrale de Reims ;

_ de St Urbain de Troyes ;

_ de la Cathédrale de Troyes ;

3°_ Bourgogne :

Exemples tirés De Notre-Dame de Dijon, de l'Église de Semur-en-Auxois ; _ (chapiteaux des colonnes du chœur) _ de la façade de Vezelay (crochets, chapiteaux _ culs de lampe) _ de la façade partie basse de la Cathédrale d'Auxerre ;

XIV.ᵉ Siècle

Tour du chœur extérieur de Notre-Dame de Paris. — (Chapiteaux, cordons).

S.ᵗ Nazaire de Carcassonne, excellente ornementation du XIV.ᵉ Siècle (École de l'Ile de France).

Portails Sud & Nord de la Cathédrale de Rouen.

Fragments de la façade de la Cathédrale de Bourges (piédroits des portes ; ébrasements).

— du portail de S.ᵗ Jean des Vignes de Soissons ;

XV.ᵉ Siècle.

Fragments du chœur de l'Église d'Eu — . Rouen, S.ᵗ Ouen. Senlis, portail nord — Auxerre, Troyes, - Cathédrales. — Pierrefonds, etc.

XVI.ᵉ Siècle

Palais de Justice de Rouen — Gaillon. — Hotel de la Tremoille. Beauvais. Cathédrale, portail Sud. — . Les exemples abondent.